L'HOMME

N'EST PAS PARFAIT

TABLEAU POPULAIRE

Représenté pour la première fois, à Paris, sur le théâtre des Variétés, le 12 mars 1864.

Imprimerie de L. TOINON et Cie, à Saint Germain.

L'HOMME
N'EST PAS PARFAIT

TABLEAU POPULAIRE EN UN ACTE

PAR

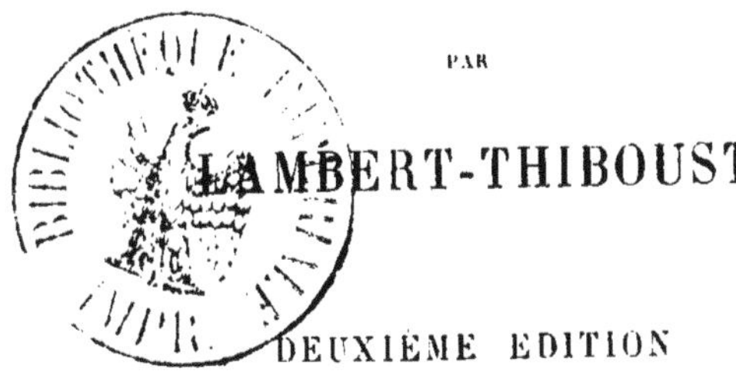

LAMBERT-THIBOUST

DEUXIÈME ÉDITION

PARIS
MICHEL LÉVY FRÈRES, LIBRAIRES ÉDITEURS
RUE VIVIENNE, 2 BIS, ET BOULEVARD DES ITALIENS, 15
A LA LIBRAIRIE NOUVELLE

1865

PERSONNAGES

MICHON, fort de la halle.....	MM. CHRISTIAN.
BOIROT, son camarade......	GRENIER.
GODOLPHIN, jeune pâtissier .	HITTEMANS.
MADELEINE, femme de Michon, marchande de poissons......	Mlles ALPHONSINE.
LOUISETTE, sœur de Michon, blanchisseuse.............	GEORGETTE OLIVIER.

Toutes les indications sont prises de la gauche et de la droite du spectateur. — Les personnages sont placés en tête des scènes dans l'ordre qu'ils occupent au théâtre. — Les changements de position sont indiqués par des renvois au bas des pages.

L'HOMME
N'EST PAS PARFAIT

L'intérieur du ménage Michon; tout respire l'aisance. — Porte au fond à droite. — Au fond, à gauche, une fenêtre garnie de fleurs grimpantes. — Deux portes à gauche. — Une porte à droite, premier plan; à gauche, premier plan, une cheminée. — Au fond, entre la fenêtre et la porte, une commode. — à droite, deuxième plan, un petit secrétaire sur lequel il y a une tirelire et une trompette d'enfant. — Du même côté, troisième plan, une petite armoire sur laquelle est du linge repassé. — Près de cette armoire, un panier de blanchisseuse. — A droite, sur le devant, une table. — Un balai, au fond, entre la fenêtre et la commode. — Chaises, gravures encadrées.

SCÈNE PREMIÈRE

GODOLPHIN, puis LOUISETTE.

Au lever du rideau, le théâtre est vide. — La porte du fond s'ouvre mystérieusement, et Godolphin montre le bout de son nez. — Il est en costume de pâtissier et tient dans ses mains un énorme gâteau de Savoie, surmonté d'une rose.

GODOLPHIN, entrant.

Personne! et, comme tous les dimanches, la clef sur la porte! vite, déposons ma faible offrande sur l'autel de l'amour. (Il pose avec précaution le gâteau sur la cheminée.) O Louisette!... Louisette!... Ah! c'est-y serin d'être timide... avec les blanchisseuses! c'est vrai, je n'ose pas lui dire : « Folle jeune fille qui t'en vas rieuse, je vous adore. » Mais moi pas bête, je m'ai fait faire une poésie... une poésie aux truffes... et tout à l'heure, je vas... (Prêtant l'oreille.) Du bruit!... filons!... O Vénus, toi qui protèges les personnes sentimentales, ne lâche pas les pâtissiers! (Il disparait par le fond. Au même instant, Louisette entre par la gauche, première porte.)

LOUISETTE.

Tiens! il me semblait entendre... (Apercevant le gâteau.) Ah! mon gâteau!... et une belle rose dessus!... c'est ça qui est joliment distingué!... ce bon Godolphin!... comme il m'aime! (On entend un rire sonore à la cantonade.) C'est Madeleine!...

SCÈNE II

LOUISETTE, MADELEINE.

Madeleine est coiffée d'un foulard rouge et parée d'une grande chaîne en or. Elle a devant elle un éventaire et sur le dos une hotte.

MADELEINE, entrant par le fond, à la cantonade.

Eh ben, dites donc, jeune homme, faut pas vous sauver comme ça!... ah! ah!

LOUISETTE, à part.

Elle l'a vu!

MADELEINE, voyant le gâteau.

Le gâteau!... ah! mes enfants, c'est donc ça.

LOUISETTE.

Dame... la clef était sur la porte... et alors...

MADELEINE.

Que t'es bête!... Est-ce qu'il faut rougir pour ça?... à dix-sept ans, le petit cœur parle!

LOUISETTE, naïvement.

C'est vrai!

MADELEINE.

Il jabotte, hein?... (Posant son éventaire au fond.) Eh ben, laisse-le jaboter. Et, un de ces quatre matins, nous irons toutes les deux, rue aux Fers, bras dessus, bras dessous, dire à la marchande : « Madame, passez-nous de la fleur d'oranger... il est temps. »

LOUISETTE.

Oh! je ne suis pas coquette... Pourvu que j'aie le mari... le reste m'est bien égal.

MADELEINE.

Les hommes tiennent à ça; je te dis pas qu'il en faut des bottes, mais il en faut... c'est un symbole; j'en avais, t'en auras... et de la soignée encore!

LOUISETTE.

Moi, une petite blanchisseuse, être la femme de M. Godolphin!... c'est-y Dieu possible!...

MADELEINE, revenant en scène.

Et pourquoi donc pas?... Est-ce que nous ne valons pas tous les mitrons du quartier? Est-ce que t'auras pas une dot?

LOUISETTE.

Une dot?...

MADELEINE.

Eh ben, et moi, Marie-Madeleine, femme Michon, est-ce que je ne suis pas là? Est-ce que t'es pas la sœur de mon homme? Ça serait pas la peine d'être marchande de poissons sur le pavé de Paris, pour ne pas avoir un noyau de dessus la planche; ça serait pas la peine de s'égosiller de mère en fille depuis l'âge de sept ans et de crier aux cuisinières qui passent : « Flairez-moi ce goujon-là, ma petite mère, goûtez-moi c'te crevette. Du hareng qui glace, qui glace!... du hareng nouveau!... La raie, la raie tout en vie!... A la barque!... à la barque!... » (Elle se débarrasse de sa hotte qu'elle pose au fond.)

LOUISETTE *.

Bonne Madeleine!...

MADELEINE, revenant près d'elle.

T'es t'un ange! et tu épouseras, ton pâtissier, que je te dis!... bien qu'au fond un pâtissier soye un homme et que les hommes ne vaillent pas grand'chose.

LOUISETTE, d'un air incrédule.

Oh!...

MADELEINE.

Y en a de bons... y en a de mauvais... c'est panaché, quoi! Avant la noce, tous des amours, des chérubins!... ils vous font des petites mines, des narines enflées et des œils d'Amérique!... Mais après la noce... oh! la, la!...

LOUISETTE.

Mais tu me fais peur.

MADELEINE.

Ça n'empêche pas de se marier; seulement, faut pas se dorer la pilule : faut se dire : « Les hommes, c'est pas des anges!... c'est des hommes, et puis v'là tout! »

AIR *des danses nationales.*

Puisqu'entre femmes nous sommes,
Nous pouvons parler tout haut;
Je ne dis pas d' mal des hommes,
Puisqu'après tout il en faut.

Mais combien d'amants charmants
Font des maris assommants!
Un bon mari, mon enfant,
Pour moi, c'est le merle blanc.
L'un se livre à la bamboche,
L'autre dit à sa moitié
En lui flanquant un' taloche,
Qu' ça n'empêch' pas l'amitié.

* Madeleine, Louisette.

S'il est coureur ou jaloux,
Vous avez l'enfer chez vous.
Pour trouver un homm' complet,
Faut faire un joli trajet.
C'est pareil aux loteries,
Que l'on voit, à chaque instant,
Par des affiches fleuries,
Entortiller les passants,
Un bon mari (sans façon,
Pass' moi la comparaison),
C'est comme le lot d' cent mill' francs,
Que rêvent p'tits et grands
On se dit : « Tant pis! je m' lance!
Cent mille francs! Et pourquoi
N'aurais-je donc pas la chance
Que le gros lot soye pour moi? »
Louisett', retiens bien ceci :
Le gros lot, c'est l'bon mari.
On a beau prendr' des billets,
On ne le gagne jamais!...

Puisqu'entre femmes nous sommes,
Nous pouvons parler tout haut;
Je ne dis pas d'mal des hommes,
Puisqu'après tout il en faut!

LOUISETTE.

Eh bien, moi, je crois M. Godolphin incapable de donner des taloches à sa petite femme.

MADELEINE.

Pardine! il ne manquerait plus que ça!... T'auras un bon mari, comme moi... Ainsi vois, c'est aujourd'hui dimanche, pas vrai? j'ai vendu ma marchandise, il fait soleil, eh ben, mon homme va nous conduire dîner à la campagne!... Rien que ça de volupté!...

LOUISETTE.

Quel bonheur!

MADELEINE.

A Asnières. — « Eh! garçon, jeune homme, ici, berceau numéro 7, un lapin sauté, et vivement! avec des champignons, des petits oignons et du reginglar de derrière les fagots!... » Oh! quel Balthazard, mes enfants!...

MICHON, en dehors.

Je dis que c'est un raccroc.

MADELEINE, gaiement et remontant *.

Tiens!... le v'là... il vient nous chercher.

* Louisette, Madeleine.

SCÈNE III

LES MÊMES, MICHON, puis BOIROT.

MICHON; il a sa veste déchirée et entre par le fond *.

Il a queuté!... ça ne se fait pas! Je dis que ça ne doit pas compter!

LOUISETTE, voyant son désordre.

Ah! mon Dieu!

MADELEINE, à Michon.

Quéque t'as donc? Tu t'es battu?...

MICHON.

J'ai eu des mots avec les camarades... j'avais pas tort... demande plutôt à Boirot... Eh ben, par où donc est-il passé?... ohé, Boirot, ohé!

BOIROT, paraissant à la porte du fond **.

Me voilà! me voilà! (Descendant.) Bonjour, m'ame Michon.

MADELEINE, sèchement.

Bonjour... bonjour...

MICHON.

Ces animaux-là, ils ont dechiré mes frusques. Louisette, ma redingote. (Il ôte sa veste.)

LOUISETTE, prenant la veste et la posant sur une chaise au fond.

Voilà!... (Elle sort un instant par la deuxième porte de gauche et rapporte à Michon une redingote.)

MADELEINE.

T'as pas de mal, mon homme?... t'est intact?

MICHON.

Au grand complet. Bah! quelques coups de poing... entre hommes... est-ce que ça compte... (A Louisette qui tient la redingote.) Aide-moi à passer la manche. (Il met sa redingote.)

BOIROT.

Tout ça, voyez-vous, c'est la faute à Coindet.

MADELEINE.

Qui ça, Coindet?

BOIROT.

Le grand Coindet... m'ame Michon, v'là la chose... Y avait au café, Poliveau et Bezuchet; y avait aussi Guguste et puis Gouffin et puis Coindet. V'là Coindet, qui faisait vingt points avec Michon; v'là Coindet qui dit à Michon : « Cent sous

* Louisette, Michon, Madeleine.
** Louisette, Michon, Madeleine, Boirot.

que je fais celui-là ! » V'là Michon qui dit : « Ça va. » V'là Coindet qui se met à queuter et qui carambole. » V'là Michon qui dit à ça : « Je ne payerai pas, t'as queuté. » V'là Coindet qui dit : « C'est un carambolage : » Alors, moi, je dis à Coindet : « Ça, un carambolage!... ousqu'est mon fusil!... » Là-dessus, un mot en amène un autre, et puis on se cogne... Moi, je dis que nous avons tort d'aller dans ce café là, parce qu'il n'y a que des gens communs... et des gens communs, il n'en faut pas!... En chasse!... moi, je suis pour les bonnes manières.

MICHON, qui a fini de s'habiller.

La!... ça y est.

MADELEINE.

Alors, le temps de mettre un bonnet, et en route pour Asnières! (Elle remonte à gauche.)

MICHON, embarrassé *.

Asnières!... (Il regarde Boirot.)

BOIROT, à part.

Fichtre!...

MICHON, bas à Boirot.

Eh bien, et ma brunisseuse!... Tire-moi de là, Boirot.

MADELEINE, se rapprochant de lui.

Dimanche dernier, t'as été à la foire à Saint-Cloud avec Boirot, et tu nous a promis de nous mener dîner aujourd'hui ; est-ce que tu ne t'en souviens plus?

MICHON.

Si fait... si!... mais c'est que...

MADELEINE.

Quoi?...

MICHON.

J'ai des affaires... voilà!...

MADELEINE.

De quoi?... des affaires un dimanche?

BOIROT.

Et puis Asnières, c'est encore un endroit commun, allez, m'ame Michon! Il n'y a que des canotiers, et ces gens-là ont des expressions... à faire casser leurs avirons!... Écoutez, m'ame Michon, on peut vous dire ça... Eh ben, ce soir, nous allons dans le monde...

MADELEINE.

Dans le monde!

* Louisette, Madeleine, Michon, Boirot.

MICHON.

Oui, un concert donné par la société vinicole...

MADELEINE.

La société vinicole! qué que c'est que ça?

BOIROT.

Un pique-nique d'amis...

MICHON.

Entre z'hommes...

BOIROT, bas à Michon.

Ornés de bergères...

TOUS LES DEUX, dansant et chantant.

Tra la la la la. (Louison va au fond mettre le linge dans son panier.)

MADELEINE, partageant leur gaieté.

O gros cachotiers, allez! ô les gueusards d'hommes. (Elle donne à son mari des coups de poing en riant avec lui, puis elle va à Boirot et lui donne une poussée qui envoie celui-ci rouler sur la table à laquelle il se cramponne pour ne pas tomber.)

MICHON, à Boirot, riant *.

Eh bien, où que tu vas, toi, là-bas?... t'apprends à nager?...

BOIROT, se relevant et regardant Madeleine avec admiration, à part.

Cristi! c'est une rude femme!

MADELEINE, à Michon.

Allons, va te promener, mauvais sujet... mais pas d'œil aux Circassiennes!

MICHON.

Oh! Madeleine!...

BOIROT.

Oh! m'ame Michon!... votre mari, voyez-vous, c'est un caniche... tromper sa petite femme!... lui!... oh!...

MICHON.

Oh!...

BOIROT.

Et puis d'abord, moi, je suis bégueule, je n'aime que les femmes du monde!

MADELEINE.

Voyez-vous ça!

* Michon, Madeleine, Boirot, Louisette.

BOIROT.

Oui, parce qu'au moins, avec les femmes du monde, quand on a fini de rire... on peut causer.

MICHON, riant.

Ah! ah! ah! farceur de Boirot... est-il gai, hein! voilà un ami! (Louisette qui a rempli son panier, redescend à gauche.)

BOIROT, venant lui serrer la main *.

Et un vrai, va... ma vieille... ma pauvre vieille!... Mais c'est pas tout ça! Bezuchet paye un punch! un brûlot!... Pouvons-nous refuser?

MICHON.

Non!

BOIROT.

Non!... nous ne le pouvons pas!

MICHON.

Nous ne le pouvons pas!...

MADELEINE.

Non, ils ne le peuvent pas!

MICHON.

Et puis, il faut que Coindet me donne ma revanche! On joué une bouteille de champagne... un turban d'argent... à emporter... en avant la série!...

TOUS LES DEUX.

Au café!

ENSEMBLE.

AIR : *Fleur des salons.*

LES DEUX HOMMES.

A l'estaminet,
Bezuchet nous invite,
Allons au plus vite,
Le rhum flambe et le punch est prêt!

LES DEUX FEMMES.

A l'estaminet,
Le plaisir vous invite,
Allez au plus vite,
Le rhum flambe et le punch est prêt.

MICHON, poussant Boirot.

Va donc, trainard! (Tous deux sortent par le fond.)

* Louisette, Michon, Boirot, Madeleine.

SCÈNE IV

LOUISETTE, MADELEINE, puis GODOLPHIN.

MADELEINE, riant.

Ah! ces hommes!... c'est-y flâneur!

LOUISETTE.

Eh bien, et le lapin sauté?...

MADELEINE.

Ah! dame, qu'est-ce que tu veux! au fond, c'est juste! V'là Michon qui a travaillé toute la semaine... et le métier de porteur à la halle, c'est fatigant; faut ben qu'il s'amuse le dimanche, c' t'homme!

LOUISETTE.

Mais nous aussi, nous avons travaillé toute la semaine... et la preuve... (Désignant son panier.) C'est que j'ai de l'ouvrage à reporter... Ah! mais!... ah! mais!... c'est que j'ai une petite tête... Faudra que M. Godolphin marche plus droit que ça... Le dimanche, c'est la propriété des épouses!... (On frappe à la porte du fond.)

LOUISETTE.

Ah! le cœur me saute!... Je parie que c'est lui.

MADELEINE.

Baisse les yeux!... un futur... faut avoir l'air émue... (D'une voix forte.) Entrez, jeune homme! (Godolphin entre par le fond; il porte un deuxième gâteau de Savoie avec une rose; à Louisette.) C'est ton pâtissier!...

LOUISETTE, à part*.

Encore un gâteau de Savoie!... comme il m'aime!

MADELEINE, à Godolphin qui présente son gâteau.

Vu!... (Bas à Louisette.) Baisse donc les yeux, toi! (Godolphin après avoir cherché un endroit où déposer son gâteau, finit par le mettre sur la petite armoire.)

MADELEINE, à Godolphin.

Qu'est-ce qu'il y a donc pour votre service, jeune homme?

GODOLPHIN, avec une grande émotion.

Madame Madeleine.... mam'zelle Louisette... je viens... je... Ah!... ma poésie! (Il tire un grand papier de sa poche et se met à le lire avec mélancolie.)

« Sous l'aile de l'amour peut fleurir un flambeau ;
La torche de l'hymen est le but que j'aspire;

* Louison, Madeleine, Godolphin.

Si Vénus Amphitrite a causé mon martyre,
La torche de l'hymen deviendra mon drapeau. »

(A lui-même.) Je crois que je ne les ai pas mal récités!

LOUISETTE, effrayée.

Un drapeau!... vous voulez vous faire soldat?

GODOLPHIN.

Moi!... non... (A part.) Elle n'a pas compris.

MADELEINE.

Enfin, qu'est-ce que vous voulez? Voyons, jeune homme, sacrebleu! remuez-vous!...

GODOLPHIN.

Vous voulez que je me remue, m'ame Michon? .. Eh bien, tant pis! v'là la chose!...

AIR :

En parlant j' crains les anicroches ;
A vous pourtant j' dois tout confier ;
Devant vous, si j' fais des brioches,
Excusez-moi, j' suis pâtissier.
J'ai vu passer mam'zell' Louisette,
Devant la boutique à papa,
Et, sans jamais tourner la tête,
C'est la mienne qu'elle tourna.
Ell repassait tout' la journée ;
Je me mettais à rêvasser...
Ça fait d' l'effet de voir tout' l'année,
Un' blanchisseuse repasser.
Je deviens fou depuis six s'maines ;
Tous mes godivaux sont ratés ;
J' mets du jambon dans les mad'leines,
Et de la crême dans les pâtés.
Papa, voyant sa clientèle
Finir par aller chez l'voisin,
M'a dit : « Va-t'en trouver ta belle ;
Finissons-en, d'mand' lui sa main. »
J' n'ai pas un mauvais caractère,
Dans trois mois j'aurai vingt-deux ans ;
Mam'zell', voulez-vous que j' sois l père,
Et vous la mèr' de nos enfants?

MADELEINE, parlé.

Eh ben, dites donc jeune homme!...

GODOLPHIN, reprenant.

En parlant, j' crains les anicroches ;
A vous pourtant j' dois tout confier,
Maint'nant, si j'ai fait des brioches,
Excusez-moi, j' suis pâtissier!

MADELEINE.

Jeune Godolphin!...

GODOLPHIN.

M'ame Michon...

MADELEINE.

Quand les intentions d'un jeune homme sont limpides, ça honore la jeune personne qui les excite; mais je dis qu'il ne faut pas forcer les inclinaisons. D'abord, et avant tout, Louisette a la parole. Si elle a de l'amertume pour vous, dame, mon garçon, faudra renfoncer vos sentiments.

GODOLPHIN, à Louisette.

Oh! mam'zelle, n'en ayez pas de l'amertume!...

LOUISETTE, allant à lui *.

Monsieur Godolphin, je suis flattée... de voir que vous avez des idées sur moi... de mon côté, je vous trouve distingué; vous avez l'air d'un bon jeune homme, et je trouve que... c'est bien gentil... d'être pâtissière!...

GODOLPHIN.

Sa flamme répond à ma flamme!... je puis mourir maintenant... elle me gobe!

MADELEINE, passant près de Godolphin **.

A c'te heure, il faut l' consentement de mon homme!... ah! c'est le chef de la famille!...

GODOLPHIN.

M. Michon ?... il est en train de billarder au café du *Singe;* je vas lui faire ma demande! (Fausse sortie.)

MICHON, en dehors, chantant.

La mère Michel est veuve.

MADELEINE.

C'est lui!

GODOLPHIN.

Il chante!... c'est qu'il est gai!... quelle chance!...

MADELEINE, montrant à Godolphin la porte de droite.

Entrez là un instant! Le temps de le préparer... et du courage!...

LOUISETTE, allant à Godolphin ***.

Oui... parlez-lui bien, surtout... n'ayez pas peur!...

MADELEINE.

Eh ben... eh ben... veux-tu baisser les yeux tout de suite!... (Elle fait repasser Louisette à gauche.)

* Madeleine, Louisette, Godolphin.
** Louisette, Madeleine, Godolphin.
*** Madeleine, Louisette, Godolphin.

LOUISETTE *.

Oh! maintenant ce n'est plus la peine... il a fait sa demande!... (On entend de nouveau la voix de Michon.)

MADELEINE.

Le voilà!... vite, vite, à votre poste, jeune homme!... (A Louisette.) Et toi, viens nous entendre là-dessus.

(Godolphin entre à droite, et les deux femmes entrent à gauche, deuxième porte.)

SCÈNE V

MICHON, BOIROT.

Ils entrent par le fond, ils sont gris tous les deux. Michon tient une bouteille de champagne garnie de rubans.

MICHON, chantant.

Il n'est pas empoisonné!
Et nous allons nous l' payer!

BOIROT, de même.

Il n'est pas empoi-en-so-en-né,
Empoisonné!

ENSEMBLE.

Ah! ah! ah! ah!

MICHON.

is donc, Boirot...

BOIROT.

Ma vieille!...

MICHON.

Crois-tu qu'elle était bonne celle d'Asnières?... mais je n'ai pas coupé dans le pont!... (Il va poser la bouteille sur a table.)

BOIROT **.

Dîner avec sa légitime; en voilà une occasion! les femmes ont un aplomb!

MICHON.

Brunisseuse de mon cœur, va!... ça ne m'empêche pas d'aimer Madeleine!...

BOIROT.

Au contraire...

MICHON.

Seulement quoi... je suis au bal Morel, à Saint-Cloud...

** Louisette, Madeleine, Godolphin.

une femme passe... qu'a des yeux bordés de noir comme une lettre de faire part... alors, elle dit comme ça : « Ah ! j'ai t'y soif!... j'boirais bien du vin au sucre... Qui qui paye du vin au sucre? » Alors, moi j'fais venir un saladier... ous qu'est le mal?..

BOIROT.

Y en a pas... on est homme du monde, ou on n'l'est pas!

MICHON.

Et puis, quoi... l'homme n'est pas parfait, n'est-ce pas?... (Il va prendre dans l'armoire des verres qu'il pose sur la table.)

BOIROT.

L'homme a des passions; eh bien, nous, il nous faut des dames!... nous sommes Régence!...

MICHON.

Boirot, j'ai soif!...

BOIROT, s'asseyant près de la table.

On va décoiffer la champenoise!...

MICHON, debout derrière la table.

On va retirer le casque à la négresse!... (Il débouche la bouteille et remplit les verres.) A nous le plaisir, la folichonnade, et les nuits vénitiennes! on sera fidèle plus tard à sa légitime. (Ils boivent.)

BOIROT, riant.

Dis donc, Michon, des hommes fidèles!... elle est bonne, hein!...

MICHON, riant.

N'y en a pas!... n'y en a jamais eu...

BOIROT.

Des hommes fidèles! je me retire à la campagne! (Il se lève.)

MICHON, versant de nouveau.

A nous les Andalouses de l'Élysée-Montmartre! (Ils boivent et viennent sur le devant du théâtre.)

BOIROT.

Oh! les Andalouses! il me pousse des castagnettes.

AIR *du Bolero.*

MICHON.

Ah! viens, gentille bayadère,
D' l'Élysée ou d' chez Pilodo!

BOIROT.

Nous t'invitons pour la première,
Viens t'en pincer un fandango.

* Boirot, Michon.

MICHON.

Quelle chance!
En avant folie et bombance!

BOIROT.

D'une petite connaissance,
Sachons émailler l'existence

ENSEMBLE.

Du bal
J'entends le signal!
Couples joyeux,
En avant deux!
Bayadères, soyez toujours,
Toujours, toujours,
Nos foll's amours!
Tra, la la la la la!

(Godolphin est entré en scène par la droite, au milieu du refrain. En voyant Boirot et Michon se livrer à une cachucha fantaisiste, il se met de la partie en imitant leurs gestes. Michon l'aperçoit et reste un pied en l'air.)

SCÈNE VI

LES MÊMES, GODOLPHIN, puis MADELEINE et LOUISETTE.

MICHON *.

Qu est-ce que c'est que ça?... un chef!...

BOIROT.

Un Béchamel!...

GODOLPHIN, à part.

'a l'air bien disposé.

MICHON.

Ah çà, qu'est-ce que tu demandes, toi, frangipane?

GODOLPHIN, après avoir tiré ses vers de sa poche et avec émotion

« Sous l'aile de l'amour peut fleurir un flambeau;
La torche de l'hymen, est le but que j'aspire...
Si Vénus Amphitrite... »

MICHON, faisant sauter le papier.

Ah çà, qu'est-ce que tu nous chantes là?...

GODOLPHIN, à part.

Du toupet!... (Haut.) Monsieur, je viens vous demander la main de mam'zelle Louisette. (Boirot se rassied près de la table et boit.)

* Michon, Godelin, Boirot.

MICHON.

Toi! toi!...

GODOLPHIN.

J'ai tiré à la conscription... numéro 34 sur 600!.. Mon remplaçant est à la frontière!...

MICHON.

Toi! le mari de Louisette! allons donc!... jamais de la vie!...

GODOLPHIN.

Mais, monsieur Michon!...

MICHON.

Tourne-moi les talons, et plus vite que ça!...

GODOLPHIN.

Monsieur Michon, je l'aime!...

MICHON.

Ma sœur, la femme d'un gargotier!

GODOLPHIN.

Monsieur, vous insultez mon père!

MICHON, le prenant au collet.

Veux-tu filer, oui ou non.

GODOLPHIN.

Voulez-vous me lâcher!... voulez-vous me lâcher! (Madeleine et Louisette accourent par la deuxième porte à gauche.)

MADELEINE *.

Eh bien, qu'est-ce que c'est?

LOUISETTE.

Ah! mon Dieu!...

MICHON, montrant Godolphin.

C'est cet oiseau-là, qui me demande la main de Louisette.

MADELEINE.

Eh ben?...

MICHON.

Je refuse!...

LOUISETTE.

Ah!

MICHON.

Le beau-frère que je veux (montrant Boirot), le voilà!

BOIROT, se levant.

Moi!... ah!... (Il salue.)

* Louisette, Madeleine, Michon, Godolphin, Boirot.

MADELEINE.

Ça ?...

LOUISETTE.

Mais, moi, je ne veux pas !

MICHON.

Qu'est-ce que c'est?... on se révolte!... ah! çà... je ne suis donc pas le maître chez moi à présent?... je ne veux pas de marmiton dans ma famille!... (Il passe à gauche.)

GODOLPHIN, avec énergie *.

Eh bien, je l'épouserai malgré vous!... (Louisette va à Godolphin et cherche à le calmer.)

MICHON, voulant s'élancer sur Godolphin **.

Hein!... (Madeleine le retient.)

GODOLPHIN.

Je l'épouserai quand même!... Oui, l'amour a enflammé nos cœurs!... vous ne nous séparerez pas, monsieur!... vous ne savez pas ce que c'est qu'un pâtissier qui s'est fourré quelque chose dans la tourte... non, dans la tête!... vous ne le savez pas, monsieur!... vous ne le savez pas!

MICHON.

Veux-tu filer!...

GODOLPHIN.

Oui, je file!... je file!... mais prenez garde!... Pour obtenir Louisette, je mets le feu à la maison, je l'enlève au milieu des flammes, et je l'épouse, à la face des pompiers!... Voilà ce que c'est qu'un pâtissier, monsieur Michon; voilà ce que c'est qu'un pâtissier!...

MICHON, menaçant.

Une fois, deux fois, veux-tu filer... (Godolphin disparaît par le fond.) Ah! c'est trop fort!... qui est-ce qui a commandé ce vol-au-vent là?...

GODOLPHIN, reparaissant.

Vous avez insulté mon père!... (Boirot s'assied en riant derrière la table.)

MICHON.

Encore!... (Madeleine le retient toujours; Louisette cherche à calmer Godolphin.)

GODOLPHIN.

Mon père est un honnête homme!... oui, on a séparé Héloïse et Abélard; mais ça ne se fait plus! on ne séparera

* Michon, Louisette, Madeleine, Godolphin, Boirot.
** Michon, Madeleine, Louisette, Godolphin, Boirot.

pas Louisette de Godolphin!... (Montrant Boirot.) Et voilà l'homme que vous me préférez!... ce citoyen de bas étage!

BOIROT.

Ah çà, dites donc, vous!...

GODOLPHIN.

Tiens!... (Il lui donne un renfoncement. La tête de Boirot disparaît dans son chapeau et il fait des efforts surhumains pour se dégager.) O mon père!... mon père!...

MICHON.

Ah! gredin!... tu tapes sur Boirot!... (Il ôte sa redingote qu'il jette à Boirot qui s'est levé.)

MADELEINE, arrêtant son mari.

Michon!..,

LOUISETTE, à Godolphin.

Fuyez... je vous en prie!...

MICHON.

Il ne m'échappera pas!... viens, Boirot!...

ENSEMBLE.

AIR *des gens nerveux*.

MICHON et BOIROT.

Je veux ici,
Je veux qu'il soit puni!
A ma juste colère,
Rien ne peut le soustraire...
Et je vais commencer,
Par le rosser!

GODOLPHIN.

Oui, malgré lui,
Je serai son mari!
A mon amour sincère
Rien ne peut la soustraire;
On a beau me chasser,
Et me rosser.

MADELEINE et LOUISETTE.

Ah! quel ennui!
Comment faire aujourd'hui
Pour calmer sa colère,
Et que pourrons-nous faire,
Afin de les forcer
A s'embrasser?

(Godolphin s'enfuit par le fond, poursuivi par Michon et par Boirot qui est parvenu à dégager sa tête.)

BOIROT, sortant le dernier.

Vas-y, Michon!.. j'tiens ta redingote...

SCÈNE VII

MADELEINE, LOUISETTE.

LOUISETTE, fondant en larmes et tombant assise près de la table.

Hi! hi! hi! je n'épouserai pas mon pâtissier! hi!...

MADELEINE, allant à elle.

Allons, voyons!... ma petite Louisette!...

LOUISETTE.

Non... je me périrai, si je ne l'épouse pas!...

MADELEINE.

Eh ben, oui, tu te périras!... ça te soulagera... (A elle-même.) On dit toujours ça... (Allant prendre la veste que son mari a retirée à la scène troisième.) Ah! mon Dieu!.. quel accroc!... Ah! ces hommes!... si on n'était pas là pourtant pour les raccommoder!... (Elle prend du fil et une aiguille sur la cheminée, s'assied à gauche et se met à raccommoder la veste.)

LOUISETTE.

Mon frère est un méchant homme, vois-tu?

MADELEINE.

Mais non... il est bon dans le fond, il nous aime bien, et tu verras que... tiens!... qu'est-ce que je sens donc là?... (Elle fouille dans la poche et trouve une lettre.) Une lettre!... qui qui peut donc écrire à mon homme?... (Elle lit tout bas.)

LOUISETTE.

Un jeune homme si distingué!...

MADELEINE, poussant un cri.

Ah!...

LOUISETTE, se levant.

Quoi donc?...

MADELEINE, tremblante et se levant.

Rien!... j'ai rien!

LOUISETTE.

Mais si... tu as quelque chose...

MADELEINE.

J'm'ai piqué le doigt en cousant la veste à Michon... alors, ça m'cuit un brin... (Jetant la veste sur sa chaise.) Louisette, t'as de l'ouvrage à reporter, pas vrai?

LOUISETTE.

Oui...

MADELEINE, lui donnant son panier.

Eh ben, vas-y... parce que nous irons promener ensemble... va, ma fille, va...

LOUISETTE, prenant son panier.

Ah! j'ai le cœur gros!... Je suis amoureuse!...

MADELEINE, la poussant.

Oui... oui... va! va!... (Louisette sort par le fond, en s'essuyant les yeux : Madeleine lisant.)

« Bel homme que vous êtes... je vous attendrai dimanche à l'Elysée-Montmartre; je serai à huit heures derrière la contre-basse. Je prendrai une chartreuse, en vous attendant, ne faites pas poser...

» Celle qui pense à toi que c'en est embêtant.

» NINI MOUCHETTE, brunisseuse... »

(Avec éclat.) Elle le tuteye!...

AIR : *Le beau Lycas aimait Thémire.*

Eh! quoi!... nous, les honnêtes femmes,
Nous n'avons qu'un homme... et voilà
Qu'ailleurs ils vont porter leurs flammes,
Et que nous, ils nous plantent là!
Que ces p'tit's dam's, que l'on renomme,
Croquent chaqu'jour un' nouvell' pomme,
En fait d'amour et d'amitié,
Moi, le partag' me fait pitié...
Et, si je m' content' d'un seul homme,
Je n' me content' pas d'un' moitié.
Que me rest'ra-t-il de mon homme,
Si l'on vient m'en prendr' la moitié?...
Je ne veux pas de la moitié!

SCÈNE VIII

MADELEINE, MICHON.

MICHON, entrant par le fond.

Impossible de le repincer!...

MADELEINE.

Michon!... avance ici, toi!...

MICHON.

Pourquoi faire?...

MADELEINE, lui plantant la lettre sous les yeux.

Qu'est-ce que c'est que ça?...

MICHON, à part.

Bigre!...

MADELEINE.

Ah! ça te dégrise, ça, mon garçon... car tu étais un brin parti tout à l'heure... Qu'est-ce que c'est que ça, Nini Mouchette?...

MICHON.

Mais...

MADELEINE.

Veux-tu parler?...

MICHON.

Eh bien, c'est une femme.

MADELEINE.

Une femme!... ah! il faut que tu sois bien lâche!... (Passant à droite *.) Ainsi, moi, Marie-Madeleine, je suis levée à quatre heures du matin; je vais à la halle acheter ma marchandise, je la détaille aux pratiques; l'hiver je barbote dans la neige, et j'ai un froid que j'en ai les doigts bleus et le bout du nez rouge!... Ça ne fait rien, j'y vas tout de même!... je travaille comme un cheval, pour rapporter quelque chose au ménage. Je me dis : « Mon homme sera content de moi. » Et, le dimanche, il invente des prétextes, il ment, il me plante là, il va à l'Élysée rejoindre une Nini Mouchette; il fait Pallas au bal, elle l'attend derrière la contrebasse; elle le tuteye, il lui paye la consommation et un tas de douceurs et de chatteries!... Tiens, Michon, t'es pas un homme!...

MICHON.

Madeleine!... rends-moi c'te lettre!...

MADELEINE.

Plus souvent! je la garde!... non, t'es pas un homme!

MICHON, menaçant.

Madeleine, prends garde!...

MADELEINE, se campant devant lui.

Et puis après!... ah! tu sais bien que j'ai pas peur de toi! (Silence. Michon la regarde avec impatience, puis remonte et passe à droite.)

MICHON **.

Tu travailles?... eh bien!... moi aussi, je travaille... et dur!... je porte des cent kilos!

MADELEINE, avec ironie.

Oui... et même, depuis quelque temps, tu te dandinais, en portant ça!

MICHON.

Moi, je me dandinais?...

MADELEINE.

Oui... pour te donner un chique... C'est vrai, la mère

* Michon, Madeleine.
** Madeleine, Michon.

Chapu me disait l'autre fois : « Pourquoi donc qu'il se dandine comme ça, ton homme? » J'aurais dû me douter de quelque chose.

MICHON.

La Chapu est une potinière!... et quant à la dame en question...

MADELEINE.

Nini Mouchette?

MICHON.

Oui, Nini Mouchette... eh bien, c'est vrai que j'ai un brin marivaudé avec elle.

MADELEINE.

Il l'avoue!

MICHON.

Au moins je suis franc, moi, je ne prends pas de *cirque-à-locutions*... D'ailleurs, c'est pas un crime de marivauder.

MADELEINE.

Est-ce que tu crois qu'on ne folichonne pas aussi autour de moi?

MICHON, un peu inquiet.

Comment! on folichonne?...

MADELEINE.

Pardine! je ne suis pas tant chiffonnée que ça non plus... et puis les hommes, ça tournaille, ça tournaille... Mais, comme je suis honnête, je dis aux flaneurs*: « Passez vot' chemin, tas d'imbéciles... vous gênez ma vente. » V'là ce qu'on fait, quand on a du cœur!... Du reste, t'as de mauvaises connaissances...

MICHON.

Ah! voilà. C'est ce pauvre Boirot qui va payer les pots cassés.

MADELEINE, passant à droite.

Oh! ton Boirot, c'est encore une pratique, celui-là!

MICHON *.

Boirot est mon ami... et un vrai... c'est un frère.

MADELEINE.

Avec qui tu vas à l'Élysée-Montmartre... courtiser les brunisseuses!...

MICHON, s'approchant.

Voyons, Madeleine...

* Michon, Madeleine.

MADELEINE.

Touche pas !...

MICHON, insistant.

Voyons...

MADELEINE.

A bas les pattes !... (Elle repasse à gauche.)

MICHON *.

Ah ! que t'es bête... Tu prends les choses... ma parole d'honneur !... on croirait que je suis le dernier des humains!... Voyons, Madeleine, pour une piqûre d'épingle... car il n'y a pas eu de coup de canif... je suis pur... comme l'azur du ciel !...

MADELEINE, repassant à droite.

Oh !... il y a de l'orage!... j' suis aux nerfs !... (Elle s'assied près de la table.)

MICHON, venant à elle **.

Vois-tu, Madeleine, tout le monde a ses petits défauts ; les uns, c'est la bouteille ; les autres, c'est l'estaminet ; c'est les cartes... un tas de choses, quoi !... L'homme est le roi des animaux, c'est vrai... mais enfin... l'homme n'est pas parfait.

MADELEINE.

Ah! fichtre, non !

MICHON.

Eh ben, quoi... nous sommes mariés depuis trois ans... c'est-y un mal de flânocher un peu... de chercher quelques petites distractions ?...

MADELEINE.

Tu ne peux pas te distraire avec moi ?

MICHON.

C'est pas la même chose. Je sais que tu es là, ça me suffit... alors, je vais avec les camarades...

MADELEINE.

Et avec les Mouchettes !

MICHON, venant s'asseoir près d'elle derrière la table **.

Les Mouchettes?... Est-ce qu'elles peuvent piger avec toi ?... (Lui faisant relever la tête.) Regardez-moi donc c'tte figure-là ?... et ces yeux-là ?... est-ce que t'es pas le syndic de mon cœur?... Est-ce que t'as pas la médaille d'argent, tout le temps?... hein?... (Riant.) Grosse jalouse, va !...

* Madeleine, Michon.
** Michon, Madeleine.
*** Madeleine, Michon.

MADELEINE, riant aussi.

Ah! ah! ah!

MICHON, à part.

Elle rit!... l'affaire est arrangée...

MADELEINE.

Eh bien, t'as raison, Michon.

MICHON.

Pardine!

MADELEINE.

J'étais bête!... (Tout en causant elle se verse un verre du champagne qui est resté sur la table.) C'est vrai... une femme qui est toujours accrochée à vous, pendue à vot' bras, qui veut sortir et s'amuser avec vous... c'est assommant!...

MICHON.

Voilà!... tu deviens raisonnable!...

MADELEINE, buvant le champagne à petites gorgées.

Eh ben!... nous irons chacun de not' côté... va à l'Elysée, mon homme, saute, bois, amuse-toi... moi, j'irai au bal Robert.

MICHON, se levant.

Au bal Robert?

MADELEINE.

Oui... il paraît que c'est superbe... deux trombonnes... et un inspecteur bon enfant!... (Elle se verse du vin.)

MICHON.

Madeleine!... prends garde!... ça étourdit.

MADELEINE, se levant et gagnant la gauche. Michon la suit.

Ah! bah! quand j'aurais une petite pointe!... vois-tu, Michon, les femmes ont leurs petits défauts; les unes, c'est ci; les autres, c'est ça... moi, entre nous, c'est le trombonne... houp!... (Elle retourne s'asseoir à la table et avale le verre d'un trait.)

MICHON *.

Mais... c'est que... je ne sais pas... si le bal Robert est bien fréquenté.

MADELEINE.

Pardine!... c'est là que va François...

MICHON.

Qui ça, François?

MADELEINE.

Le neveu à la mère Chapu.

* Michon, Madeleine.

MICHON.

Celui qu'est notre voisin d'en face ?

MADELEINE.

Celui qu'est notre voisin d'en face. (Elle rit.)

MICHON.

Pourquoi que tu ris ?

MADELEINE.

Oh! pour rien. (Elle rit de plus belle.)

MICHON.

Voyons, tu ris pour quelque chose.

MADELEINE, se levant.

Oh! mon Dieu!... je peux bien te le dire... le neveu à la Chapu... il me fait de l'œil... il m'a donné sa photographie... il est posé comme ça... (Elle prend une pose prétentieuse.) Il me dit des bêtises!... je le laisse aller, parce qu'il est bon enfant!...

MICHON.

Il ne gêne donc pas la vente, celui-là ?

MADELEINE.

Oh! il est respectueux! s'il m'aime... c'est pour le bon motif... (Elle porte le verre à ses lèvres.)

MICHON, l'arrêtant.

Pour le bon motif! comment donc que t'arranges ça, toi, le bon motif ?

MADELEINE.

Il m'a dit comme ça : « Madame Michon, si vous étiez veuve, m'épouseriez-vous ? » Je lui ai répondu : « Oui, François. — Votre parole d'honneur ? — Ma parole d'honneur! »

MICHON.

Ah! ça, mais, je n'ai pas envie de mourir...

MADELEINE.

Oh! François est un brave garçon... il attendra!... (Elle boit tranquillement.)

MICHON, vexé.

Ah! mais! ah! mais! ah! mais...

MADELEINE, éclatant de rire.

Ah! ah! ah! il est jaloux!...

MICHON.

Non, mais...

MADELEINE.

Allons donc!... chacun de son côté, Michon!... Liberté, *libertas*!... et vive la joie!... je mettais de l'argent de côté...

c'tte farce !... à bas la caisse d'épargnes !... A bas la tire-lire !... En v'là des bêtises ! (Elle prend une tire-lire sur le secrétaire et la brise sur la table.)

MICHON.

Madeleine !...

MADELEINE, mettant de l'argent dans sa poche et donnant le reste à Michon.

A moi les monacos !... Tiens, voilà ta part... ah ! il y a des jaunets !... (Elle passe à gauche)

MICHON *.

Mais... et le ménage ?...

MADELEINE.

Ah ! le ménage ira comme il voudra !... v'là trois ans que nous sommes mariés... j'ai besoin de distraction aussi, moi. — L'homme n'est pas parfait, que t'as dit ?... eh ben, la femme non plus !... v'là assez longtemps que je trime en plein air, à tous les vents !... Ah !... on s'amuse ?... j'en suis !... je veux des chapeaux à plumes, des châles d'Inde, de la crinoline, des robes tapageuses, des coiffures à la chien et des bottines élastiques !... Je veux pincer des polkas et des quadrilles !... Ohé ! les danseurs, ohé !... en place !... En avant la fantasia des malignes !... v'là la musique, balancez vos demoiselles ! (L'orchestre joue l'air de la *Fricassée;* Madeleine se met à danser.)

MICHON.

Ah çà, voyons, Madeleine, c'est pour rire !...

MADELEINE, passant à droite, en dansant **.

Pour rire et se dégourdir les jambes !... La dame seule !... vive l'inspecteur !...

MICHON.

Veux-tu pas danser comme ça !... (Il cherche à l'arrêter.)

MADELEINE, toujours dansant et repassant à gauche ***.

Tiens !... tiens !... comme t'es malignes !... Hop là !... hop là !...

SCÈNE IX

LES MÊMES, GODOLPHIN.

GODOLPHIN, entrant par le fond, avec joie ****.

Ah ! on danse ! tout est rarrangé !... (Il se met à danser devant Madeleine.)

* Madeleine, Michon.
** Michon, Madeleine.
*** Madeleine, Michon.
**** Madeleine, Godolphin, Michon.

MICHON, abasourdi.

Le mitron!... Ah! tu vas me le payer, cette fois! (Il lui allonge un coup de pied.)

GODOLPHIN.

Oh! ça n'était pas rarrangé!... (Il disparaît par le fond.)

SCÈNE X

MADELEINE, MICHON.

MICHON.

Ah! c'est trop fort!... (La musique s'arrête.)

MADELEINE, tombant assise à gauche.

Ouf!... vive le dimanche!

MICHON, allant à elle.

Tu n'iras pas au bal!

MADELEINE.

Pourquoi donc ça?

MICHON.

Parce que tu ne peux pas y aller seule... il y a des hommes qui... enfin, tu ne peux pas y aller seule, quoi!...

MADELEINE, se levant.

Ça n'est que ça!... (Allant ouvrir la fenêtre.) Ohé! François!

MICHON.

Eh ben?

LA VOIX DE FRANÇOIS.

Ma voisine?

MADELEINE.

Voulez-vous me conduire au bal ce soir?

LA VOIX DE FRANÇOIS.

Oui, ma voisine!... Eh ben, et votre mari?

MADELEINE.

Mon mari?... il va de son côté.

LA VOIX DE FRANÇOIS.

A ce soir, ma voisine!...

MADELEINE.

A ce soir, voisin! (Elle ferme la fenêtre.)

MICHON.

J'étouffe... de colère!... Parler ainsi... par la fenêtre... à un ostrogot qui vous fait la cour...

MADELEINE.

Tiens, c'est vrai... j'ai eu tort...

MICHON.

Ah! c'est bien heureux!

MADELEINE.

J'aurais dû attendre que tu ne *soyes* pas là? qu'est-ce que tu veux?... on ne pense pas à tout... La femme n'est pas parfaite, mon ami!

MICHON, serrant les poings.

Tu n'iras pas au bal!... c'est moi qui te le dis... ma femme!

MADELEINE, même jeu.

J'irai!... c'est moi qui te le jure, mon homme!

MICHON.

Ah çà, je ne suis donc pas le maître?

MADELEINE.

Je ne suis donc pas la maîtresse?

MICHON.

Madeleine, encore une fois, prends garde!...

MADELEINE.

Ah çà, parce que tu portes cent kilos, est-ce que tu crois que tu vas me faire peur? (Frappant de la main gauche sur son bras droit.) Tiens!... tâte-moi donc ça!...

MICHON.

Ah! mille tonnerres!... Tiens!... (Il prend une chaise et la casse.)

MADELEINE.

On chiffonne le mobilier!... ça va! (Elle prend une chaise et la casse également.) Et de deux! Passez-moi les fauteuils!...

SCÈNE XI

LES MÊMES, BOIROT.

BOIROT, entrant par le fond *.

Ah! il y a de la casse? (Il ramasse les débris de chaises.)

MICHON, à Madeleine.

Je te défends d'aller au bal.

MADELEINE.

Tu me le défends?

MICHON.

Oui!

MADELEINE.

Répète donc ça, un peu, pour voir!

* Madeleine, Michon, Boirot.

MICHON.

Je te défends d'aller au bal !

MADELEINE.

Tiens ! (*Elle lui donne un soufflet.*)

MICHON.

Un soufflet à moi !

BOIROT, *s'avançant.*

Oh ! écoutez, m'ame Michon...

MADELEINE, *allant à lui* *.

Ah ! vous prenez sa défense, vous !... v'lan ! (*Elle lui donne un soufflet.*)

BOIROT.

Oh !...

ENSEMBLE.

AIR : *La demoiselle au bal.*

LES DEUX HOMMES.

Un soufflet !... c'est affreux !
Vraiment, c'est scandaleux !
Ce sexe, qu'on renomme
Pour sa grande douceur,
Ose-t-il, sans frayeur,
Ainsi traiter un homme !

MADELEINE.

Prenez garde tous deux !
Prenez garde à vos yeux !
Un' femme vaut un homme
Quand un mari trompeur
Saura me faire peur,
J'irai le dire à Rome !

MICHON.

Oser ainsi
Souffleter son mari !

MADELEINE.

Je saurai te t'nir tête !

BOIROT.

Vous avez tort,
De taper aussi fort...

MADELEINE.

La femme n'est pas parfaite !

REPRISE DE L'ENSEMBLE.

(*Madeleine rentre à gauche, deuxième porte.*)

* Michon, Madeleine, Boirot.

SCÈNE XII

MICHON, BOIROT. Ils se regardent en se tenant la joue.

BOIROT, à part.

C'est égal, c'est une rude femme!

MICHON.

C'est moi qu'en a vu un de plafond lumineux!...

BOIROT.

Ah çà... qu'est-ce qui s'a passé?

MICHON.

Hé!... il s'a passé... qu'elle a trouvé la lettre de Nini Mouchette...

BOIROT.

Agne! mes enfants!...

MICHON.

Elle sait tout... et elle veut en faire autant de son côté... Elle veut aller au bal avec François Chapu, elle veut s'amuser, rire et folâtrer... voilà!...

BOIROT.

Ma pauvre vieille!...

MICHON, s'asseyant à gauche.

Et moi, ça m'asticote... parce que... parce que je l'aime, ma femme...

BOIROT.

Et qu'tes pas dans ton tort.

MICHON.

N'y en a pas deux comme ça!... c'est bon, c'est travailleur!... jamais ça ne se plaint... c'est la gaieté d'ici!... (Se levant.) Ah! le Chapu, je vas le régler, celui-là!... Oh! il ne m'échappera pas, va!... Et tout ça, pour une Nini Mouchette... une brunisseuse, une sauteuse de bals publics!...

BOIROT.

Une courtisane, quoi!... la Phryné des Batignolles!...

MICHON.

Boirot...

BOIROT.

Ma vieille!...

MICHON.

Tu es mon ami?...

BOIROT, lui étreignant le bras.

Oh!

MICHON.

Eh ben, il faut que tu me tires de là.

BOIROT.

Comment?...

MICHON.

T'as de l'esprit, toi...

BOIROT, avec aplomb.

Oui!

MICHON.

Oui... sois éloquent, émouve-la, émouve-la... parce qu elle est bonne, vois-tu... elle est sensible, ma grosse Madeleine... Et, au moment qu'elle sera émouvée...

BOIROT.

Eh ben?..

MICHON.

Je serai sur le carré, tu me donnes un signal, j'entre, je l'embrasse... et voilà!... Veux-tu?

BOIROT.

Les amis sont les amis...

MICHON.

Ce vieux Boirot, va...

BOIROT.

Eh ben, et le signal?

MICHON, cherchant.

Le signal? oui, il faudrait... Ah! j'ai trouvé!... (Il va prendre une petite trompette sur le secrétaire.) Sais-tu ce que c'est que ça?

BOIROT *.

Ça?... c'est la petite trompette que t'as achetée à la foire de Saint-Cloud.

MICHON.

Eh ben!... au moment de l'émotion... là... souffle dedans.

BOIROT.

Je fais de la musique... compris... (Il prend la trompette.)

MICHON.

Oh! vois-tu, Boirot, c'est entre nous, à la vie, à la mort!... (Il lui serre la main.)

AIR *des armes de Richelieu.*

Je compt' sur toi...

BOIROT.

Compte sur moi.

* Boirot, Michon.

MICHON.

Sois entraînant !

BOIROT.

Étourdissant !

MICHON.

Et dis-lui bien...

BOIROT.

J' n'oublierai rien.

MICHON.

Qu'avec Nini...

BOIROT.

Tout est fini !...

(Michon sort sur la pointe du pied par le fond.)

SCÈNE XIII

BOIROT, puis MADELEINE.

BOIROT, seul.

En v'là une commission délicate!... (Regardant à gauche.) C'est elle!... (Il met la trompette dans son gilet. Madeleine entre par la gauche, deuxième porte, coiffé d'un bonnet surchargé de rubans et de fleurs, et orné d'un châle à couleurs voyantes.)

MADELEINE, chantonnant *.

Poum! poum!... Tiens!... c'est vous, monsieur Boirot?...

BOIROT.

Oui, m'ame Michon... je viens causer avec vous... parce que...

MADELEINE, allant ouvrir la fenêtré.

Ah! il est habillé... (Faisant des signes.) Oui... oui... à ce soir... (Elle referme la fenêtre.)

BOIROT.

A qui donc que vous faites du télégraphe?...

MADELEINE.

A François Chapu, notre voisin... Il doit me mener au bal...

BOIROT.

Ah!... (A part.) Ce pauvre Michon!... C'est une rude femme, tout de même!...

MADELEINE.

Vous avez à me parler?...

* Madeleine, Boirot.

BOIROT.

Oui, parce que... ce pauvre Michon... il est affligé.

MADELEINE.

Et alors... vous, son ami... car vous l'aimez bien?

BOIROT.

C'est un frère pour moi...

MADELEINE, à part.

Hum!... tu me fais l'effet d'un joli Tartuffe, toi... si je pouvais!...

BOIROT.

Michon est dans le chagrin... il renonce à la Mouchette...

MADELEINE.

Écoutez, monsieur Boirot, ça ne peut plus durer... nous irons chacun de notre côté, v'là tout... Si j'ai pensé à François pour être mon cavalier, c'est que...

BOIROT.

C'est que...?

MADELEINE.

Ah! c'est difficile à dire... (Elle le regarde en clignant de l'œil.)

BOIROT, à part.

Pourquoi donc qu'elle cligne de l'œil?...

MADELEINE.

J' suis dans la belle âge... j' suis dans ma fleur...

BOIROT.

C'est pas moi qui vous démentirai.

MADELEINE.

Je ne peux pourtant pas consommer ma jeunesse dans les larmes...

BOIROT.

Ça ne serait pas à souhaiter.

MADELEINE, voyant la petite trompette qui sort à travers le gilet de Boirot.

Qu'est-ce que c'est que ça donc?

BOIROT.

Ça, c'est rien...

MADELEINE.

Mais si...

BOIROT.

C'est une trompette.

MADELEINE, la prenant.

Donnez donc!... Ah! c'est Michon qui a acheté ça à Saint-

Cloud... (*Elle continue, tout en donnant de petits coups sur ses doigts avec la trompette.*) François est un bon garçon...

BOIROT.

Il est un peu commun...

MADELEINE.

Ah! dame .. oui... avec ses grosses mains rouges.

BOIROT, *qui a essayé de reprendre la trompette ; à part.*

Alors... si elle ne me rend pas la trompette, je pourrai pas...

MADELEINE, *riant, en le regardant.*

Ah! que c'est drôle!

BOIROT.

Quoi donc ?...

MADELEINE.

Vot' cravate me fait penser à une chose.

BOIROT.

Laquelle ?

MADELEINE.

Oh! j'oserai pas le dire...

BOIROT.

Bah! dites donc toujours... nous sommes ici pour causer...

MADELEINE.

Eh ben, deux fois j'ai rêvé de vous... vous étiez à genoux devant moi... et vous aviez c'te cravate-là... C'est-y bête, hein?...

BOIROT, *à part.*

Et l'autre qui attend sur le carré... Elle est bonne!...

MADELEINE.

On n'est pas maîtresse de ça... n'est-ce pas?... La femme n'est pas parfaite...

BOIROT, *roulant ses yeux.*

Et l'homme non plus, allez, m'ame Michon...

MADELEINE.

Tout à l'heure... je vous en ai voulu de prendre sa défense; alors, dans un mouvement de colère...

BOIROT.

Vous m'avez calotté!...

MADELEINE.

Vous vous mettiez de son côté... contre moi... sous le prétexte que vous êtes son ami!... Ah! ça m'a toujours assez étonnée de vous voir l'ami de Michon... Il est bon enfant, c'est vrai... mais enfin, quelle différence!...

BOIROT.

Oh! il est mon ami... vous savez... des amis comme ça, on en a une flotte!... nous nous sommes liés au café du Singe... Il aime ma conversation, v'là tout...

MADELEINE, à part.

Il y vient... (Haut.) C'est drôle comme en causant, on arrive à des confidences, hein?...

BOIROT, à part.

Je ne peux plus parler pour Michon... elle a la trompette!...

MADELEINE.

Maintenant, j'ai du regret d'avoir promis à François... d'aller au bal avec lui...

BOIROT.

Eh bien, faut y aller sans lui...

MADELEINE.

Mais je ne peux pas y aller seule... il me faut un danseur...

BOIROT.

Eh bien... est-ce que je ne suis pas là, moi, m'ame Michon?...

MADELEINE, jouant l'émotion.

Vous!... (A part.) Ah! le gredin!... (Haut.) Non... oh! ne me le demandez pas... comme dans mon rêve... parce que...

BOIROT, à part.

Quelle idée!... (Haut.) Eh bien, si!... eh bien, si... je vou le demande... comme dans vot' rêve!... tenez, m'ame Mi chon, m'y v'là!... (Il se jette à genoux et lui embrasse la main.)

MADELEINE, triomphante, à part.

Allons donc!... (Elle embouche la petite trompette et donne le signal.)

SCÈNE XIV

Les Mêmes, MICHON.

MICHON, entrant précipitamment par le fond.

Ah!...

BOIROT, à part, se relevant.

Oh! malheur!... elle a donné le signal!...

MICHON.

Toi... aux pieds de ma femme!...

MADELEINE.

Il me faisait une déclaration... voilà tes amis!. .

* Madeleine, Michon, Boirot.

BOIROT.

Ma vieille!...

MICHON, démanchant le balai qui est au fond.

Il me faut sa vie!...

AIR :

Ah! quelle colère,
Ici m'exaspère!
En vain, il espère,
Calmer ma fureur!
C'est par trop d'audace!
Il faut qu'il trépasse!
Tuons sur la place,
Ce vil séducteur!

BOIROT, tournant autour de la chambre, poursuivi par Michon que sa femme veut retenir.

Ah! quelle colère
Ici l'exaspère!
Comment me soustraire,
A cette fureur!
Je perds mon audace,
Lorsque me menace,
Lorsque me pourchasse,
Un balai vengeur!

MADELEINE, s'accrochant à Michon qui poursuit Boirot.

Ah! quelle colère,
Ici l'exaspère!
Comment le soustraire,
A cette fureur!...
Oublions, de grâce,
Sa coupable audace!
Un tel Lovelace,
Peut-il faire peur!...

(Boirot poursuivi par Michon, se précipite dans la première chambre de gauche.)

MICHON.

Ah! gredin!... (Il entre après lui.)

MADELEINE.

Voyons, Michon... je t'en prie, pas de bêtises!... (Elle suit les deux hommes. Au même moment, la porte du fond s'ouvre mystérieusement. Godolphin paraît. Il entre en scène en tenant à la main un troisième gâteau de Savoie.)

SCÈNE XV

GODOLPHIN, puis BOIROT, puis MICHON et MADELEINE.

GODOLPHIN.

J'aime... voilà mon excuse!... (On entend en dehors un grand bruit de meubles renversés et les cris de Michon poursuivant Boirot et de Madeleine poursuivant Michon.)

BOIROT, en dehors.

A l'assassin!...

MICHON, de même.

Ah! canaille!...

GODOLPHIN.

On assassine!... où me cacher?... Ah!... (Il se jette dans la chambre de droite, après avoir mis le gâteau sur la table. Au même instant Boirot pâle, le chapeau défoncé, et n'ayant plus de basques à son habit, se précipite en scène par la seconde porte de gauche.)

BOIROT *.

Ah! sapristi!... ah! sapristi!... (Il se sauve vivement par le fond.)

GODOLPHIN, qui regarde par la porte entrebâillée.

Mon rival en habit-veste!...

MICHON, entrant par la deuxième porte de gauche, son manche à balai à la main, suivi de Madeleine qui le retient **.

Où est-il, le sacripant?... (Godolphin a fermé la porte de droite. Mais Michon a vu ce mouvement.) Ah!!! Il est là!...

MADELEINE, cherchant à l'arrêter.

Voyons... calme-toi!...

MICHON, menaçant.

Ah! le brigand!... ah! le sans-cœur!...

MADELEINE.

Ne lui fais pas de mal!...

MICHON.

Sors donc, grand lâche!... veux-tu sortir!... Attends!... attends!... (Il essaye d'ouvrir la porte de droite. Jeu de scène entre Michon qui tire la porte en dehors et Godolphin qui l'a tire en dedans. Michon finit par triompher, Godolphin arrive au milieu ***.) Le pâtissier!... encore!...

MADELEINE.

Godolphin!... (Elle éclate de rire.)

MICHON, à Godolphin.

Qu'est-ce que tu viens faire ici, toi?... (Madeleine se jette entre eux.)

GODOLPHIN ****.

C'est pour mamzelle Louisette que...

* Boirot, Godolphin.
** Madeleine, Michon, Godolphin.
*** Madeleine, Godolphin, Michon.
**** Godolphin, Madeleine, Michon.

MICHON, hors de lui.

Va-t'en !... va-t'en !... je veux rester seul avec ma femme !... va-t'en, il n'est que temps !... (Godolphin se sauve par le fond.)

SCÈNE XVI

MADELEINE, MICHON. Michon jette son balai.

MADELEINE.

Eh ben... ton ami Boirot, hein ?...

MICHON, s'asseyant près de la table.

Je n'ai pas d'ami !...

MADELEINE.

Tu en avais un...

MICHON.

Qui ça ?

MADELEINE.

Moi donc !... Et Louisette aussi !... tu n'as pas vu ces amitiés-là... tant pis pour toi...

MICHON.

Nom d'un nom !... que les hommes sont donc canailles !...

MADELEINE, froissant la lettre de Nini.

Ah ! dame... il y en a quelques-uns toujours...

MICHON, se levant en voyant la lettre et voulant la reprendre.

Madeleine !... (Madeleine fait un mouvement pour la garder en s'éloignant, se rapprochant d'elle.) Madeleine, c'est-y vrai que tu iras au bal Robert ?...

MADELEINE.

Oui...

MICHON.

Avec François ?...

MADELEINE.

Avec François...

MICHON.

Tu danseras ?...

MADELEINE.

Comme les cocottes !...

MICHON, avec colère.

Madeleine !

MADELEINE.

La faute à qui ? qui qu'a commencé ?...

MICHON.

C'est moi !... oh ! je dis pas non.

MADELEINE.

C'est ben heureux.

MICHON.

Seulement... un homme et une femme, c'est pas la même chose...

MADELEINE.

Ah! voilà! .. il n'y a que ces messieurs qui ont le droit de faire une vie de polichinelle... Eh ben, je te l'ai dit, Michon, chacun de son côté.

MICHON.

Alors, autant vaut se séparer tout de suite.

MADELEINE.

Comme tu voudras...

MICHON.

Ah! comme t'as le cœur sec!

MADELEINE.

La faute à qui?... qui qu'a commencé?...

MICHON.

Je dis pas non...

MADELEINE.

Pas besoin d'avocats... partageons le mobilier, et v'là tout! prends tes meubles...

MICHON.

Je n'en avais pas. (Essayant de rire.) Ça m'évitera des frais de commissionnaire. J'irai en garni, quoi!.. me v'là célibataire!...

MADELEINE.

Je t'ai donné la grenouille... C'est ben à toi la moitié de c't'argent-là...Je devais le porter ce matin à la caisse d'épargne, pour la dot de ta sœur...

MICHON, ému.

Ah!... alors... alors... c'est pas à moi... (Il retire l'argent de sa poche et le dépose sur la table.) Seulement, tu sais, Madeleine, tu as tort de consentir à nous séparer, il est encore temps que je te le dise... tu as tort... parce qu'une femme séparée de son mari... tout le monde lui jette la pierre...

MADELEINE.

Tu crois ça, toi?

MICHON.

On dira de toi des choses...

MADELEINE.

Allons donc!... on dira...

AIR : *Fallait pas qu'y aille.*

Vous savez bien?... Mad'leine,
Celle qui
Aimait tant son mari !...
La voici,
Dans la peine!...
Son mari
Est parti!
Et cependant elle n'était
Ni fausse ni coquette,
Et, pour mam'zel' Nini Mouchette,
L'ingrat la trahissait !
Oui, tout ça
On l' saura,
Et de toi l'on dira ;
C'est bien fait,
V'là c' que c'est,
Fallait pas qu'y aille! (*bis.*)
C'est bien fait,
V'là c' que c'est,
Fallait pas qu'y aille!
C'est bien fait !

MICHON.

Pardine!... toutes les commères du quartier vont jacasser comme des vieilles pies.. enfin... ça m'est égal... je suis au-dessus de ça, moi... Voyons, voyons, j'oublie rien?... non... ah! si... j'oublie Louisette.

MADELEINE.

Comment ça?

MICHON.

C'est ma sœur...

MADELEINE.

Faut d'abord savoir avec qui qu'elle veut rester!

MICHON.

Ah! c'est un peu fort, ça... mais c'est ma sœur!... elle est à moi...

SCÈNE XVII

LES MÊMES, LOUISETTE, entrant par le fond avec son panier qu'elle pose devant la commode.

LOUISETTE *.

Ouf! me voilà libre pour toute la journée...

MICHON.

Louisette, avance à l'ordre.

* Madeleine, Michon, Louisette.

MADELEINE.

Arrive ici.

LOUISETTE.

Oh ! mon Dieu ! quelles figures !... Il y avait donc quelque chose ?...

MADELEINE.

Louisette, nous nous séparons, Michon et moi.

LOUISETTE, avec chagrin.

Oh !...

MICHON.

Eh ben, oui... là... pour des motifs qui ne regardent personne.

LOUISETTE.

Ah ! mon Dieu !...

MICHON, à Louisette.

Avec qui que tu veux rester ?

LOUISETTE, hésitant.

Mais...

MICHON.

Ah ! parle franchement, carrément.

LOUISETTE.

Eh ben, écoute, frère, tu es bon, mais...

MICHON.

Hein ?

LOUISETTE.

Le plaisir t'entraîne un peu... Mon Dieu !... tu vas avec tes amis... tu fais bien... mais, pendant ce temps-là, c'est Madeleine qui veillait sur moi, qui travaillait pour moi... et je serais une ingrate... oui, une ingrate, de l'abandonner quand elle est seule au monde. (Madeleine lui tend les bras sans parler. Louisette s'y jette en pleurant. Michon très-ému, va tout en chancelant s'asseoir près de la table. Louisette allant à Michon.) Oh ! tu m'en veux, frère ?... (Madeleine s'assied près de la cheminée.)

MICHON.

Non... tu as raison... (Se levant et l'embrassant.) Adieu... (Riant forcément.) Ah ! ben, pour être seul au monde, c'est moi qui y serai !... adieu, les enfants !... (Louisette retourne près de Madeleine.)

MÊME AIR.

Allons, faut du courage,
J'en aurai,
D' moi j' vous délivrerai...
C'est convenu, j' déménage.

T'as raison...
Pas d' pardon!...
J'avais, comme plus d'un mari,
L' bonheur à domicile;
Et v'là que, comme un imbécile
Je le perds aujourd'hui.
Oui, tout ça,
On l' saura,
Et de moi l'on dira :
C'est bien fait!
V'là c' que c'est
Fallait pas qu'y aille! (*Bis.*)
C'est bien fait!
V'là c' que c'est,
Fallait pas qu'y aille!...
C'est bien fait!

Adieu!... (Arrivé près de la porte du fond et, au moment de sortir, il tombe assis.)

MADELEINE, bas à Louisette.

Tiens... fille, prends c'te lettre... (Elle lui donne la lettre de Nini.)

LOUISETTE, bas.

Faut lire?...

MADELEINE, vivement.

Non!... (Elle lui fait signe de la déchirer. Louisette la déchire sans comprendre.)

MICHON, qui a vu ce mouvèmen

Ah!... (Il se lève.)

MADELEINE, se levant.

Eh ben, oui!... grosse bête, viens donc m'embrasser!... (Michon se précipite vers elle et l'embrasse avec effusion *.) Vois-tu, mon homme, nous ne sommes parfaits ni l'un ni l'autre, eh ben... on peut se perfectionner... mais faut commencer par s'aimer!...

MICHON, pleurant de joie.

Ma femme!... ah! cré coquin! il était temps... ça me prenait le gosier... j'étouffais... Tu n'iras pas au bal?...

MADELEINE.

Si... dans un petit bal gentil... avec toi et Louisette...

MICHON.

Ah! j'avais envie de larmoyer, et maintenant v'là que j'ai envie de danser!... C'est-y bête, un homme!... oui, va, nous irons au bal!... et nous danserons!... et nous n'en manquerons pas une!... En avant la mélodie!... (Ici, la porte

* Madeleine, Michon, Louisette.

du fond s'ouvre et Godolphin entre, portant un quatrième gâteau. Voyant la joie générale, il descend vivement près de Louisette, en disant :)

GODOLPHIN *.

Ah! tout est rarangé!...

SCÈNE XVIII

LES MÊMES, GODOLPHIN, puis BOIROT.

MICHON.

Et on embrassera sa danseuse! (Il embrasse Madeleine.)

GODOLPHIN.

Oh! voui!... (Il embrasse Louisette, qui se laisse faire.)

MICHON, riant.

Eh ben?... eh ben?...

MADELEINE, passant près de Godolphin **.

C'est le baiser des accordailles... à bientôt la noce!... (Godolphin donne le gâteau à Louisette, qui le met sur la table.)

MICHON, à Godolphin.

Et rends-la heureuse, toi, feuillete!

GODOLPHIN.

Oh! moi, j'ai pas un défaut...

LOUISETTE, naïvement.

Moi non plus!...

BOIROT, montrant sa tête à la porte du fond ***.

Michon, je tiens à t'expliquer...

MICHON.

Tiens, v'là Boirot!... (Il fait mine d'aller à lui

BOIROT, se sauvant.

Oh!...

MICHON, le rappelant.

Eh! Boirot!... entre donc!... je ne t'en veux plus!... (Boirot reparaît.) Seulement, oublie mon escalier... je me range je me perfectionne... et je n'ai plus qu'un ami intime... le v'là... (Il prend le bras de Madeleine.) Adieu, ma vieille!...

MADELEINE, riant au nez de Boirot.

Sans rancune, monsieur Boirot...

BOIROT, à part, descendant à droite ****.

Il me flanque à la porte... ah! v'là ce que c'est que les amis!... c'est à dégoûter d'la société!...

* Madeleine, Michon, Godolphin, Louisette.
** Michon, Madeleine, Godolphin, Louisette.
*** Michon, Madeleine, Boirot, Godolphin, Louisette.
**** Michon, Madeleine, Godolphin, Louisette, Boirot.

ENSEMBLE.

AIR *nouveau de M. Lindheim.*

Ayons dans notre ménage
De l'indulgence toujours,
Afin d'éviter l'orage,
Et de garder les amours !

MICHON.

A jamais guéri,
Comme un bon mari,
N-i-ni, fini,
Je r'viens à mon nid.

ENSEMBLE.

A jamais guéri,
Comme un bon mari,
N-i-ni, fini,
Je r'viens à mon } nid.
Il r'vient à son }

MADELEINE, au public.

Messieurs, pour l'auteur, je pense,
Si l'ouvrage est incomplet,
Vous aurez de l'indulgence...
L'homme n'est pas parfait.

ENSEMBLE.

Messieurs, pour l'auteur, je pense,
Etc., etc.

FIN

IMPRIMERIE L. TOINON ET Ce, A SAINT-GERMAIN.

www.ingramcontent.com/pod-product-compliance
Ingram Content Group UK Ltd.
Pitfield, Milton Keynes, MK11 3LW, UK
UKHW021033180726
13838UKWH00004B/1779

9 782329 459240